Ilios Kotsou

Achtsamkeit

Aus dem Französischen von
Claudia Seele-Nyima

Illustrationen von Jean Augagneur

SCORPIO

Ilios Kotsou ist seit über zehn Jahren als Coach und Trainer tätig und forscht heute als Psychologe an der Universität von Louvain. Er ist Autor mehrerer Bücher zu den Themen emotionale Intelligenz und Achtsamkeit. Neben der psychologischen Grundlagenforschung gilt sein Interesse vor allem neuartigen Konzepten wie der Achtsamkeitstherapie oder den Methoden der Palo-Alto-Gruppe.

Die Originalausgabe ist erstmals 2010 bei
Éditions Jouvence erschienen.
Titel der französischen Originalausgabe:
Petit cahier d'exercices de pleine conscience

Umschlaggestaltung: Danai Afrati & Veronika Preisler, München
Satz: Veronika Preisler, München
Druck und Bindung: Pustet, Regensburg
ISBN 978-3-95803-467-9

www.scorpio-verlag.de

Einleitung

Gemessen an der Geschichte der Menschheit, ist unser Leben ein recht kurzes Abenteuer: Es dauert ein paar Jahrzehnte, höchstens etwa hundert Jahre.
Für die meisten von uns bleibt das Leben ein Rätsel. Im Lauf unserer einzelnen Lebensabschnitte stellen wir uns bestimmte Fragen: Wieso bin ich überhaupt hier? Hat das Leben einen Sinn? Wann werde ich diese Welt verlassen und wohin gehe ich?

Statt einer Einleitung möchte ich Ihnen hier eine ganz andere Frage ans Herz legen: Wann haben Sie begonnen bzw. wann werden Sie wirklich beginnen zu leben? Wie stellen Sie es an, dass Sie das Leben nicht erst kurz vor Ihrem eigenen Ende (oder dem Ihrer Angehörigen) schätzen lernen? Und das ungeachtet der äußeren Umstände, auf die Sie nicht immer einen Einfluss haben?

Was das anbelangt, ist Achtsamkeit eine Methode, mit der Sie wirklich Ihr Leben verändern können!

Ich möchte allerdings von vornherein klarstellen, dass es hier keinesfalls darum geht, den Umgang mit einem Zauberstab zu lernen, der alles Unangenehme in unserem Umfeld verschwinden lässt. Die Herausforderung der Achtsamkeit liegt nämlich gerade darin, dass wir lernen, uns von der tief in uns verankerten Gewohnheit zu lösen, die Geschehnisse zu analysieren und in die Kategorien »gut« oder »schlecht« einzuteilen.

Dieses Übungsheft zur Achtsamkeit möchte Ihnen zeigen, wie Sie das Leben – was auch immer Ihnen zustößt – bestmöglich wertschätzen lernen: indem Sie nämlich Ihre außergewöhnlichen rationalen Fähigkeiten des Analysierens, Vergleichens, Kategorisierens und Bewertens für kleine Augenblicke, die zeitlich nach Belieben ausgedehnt werden können, abschalten.

Gute Reise!

Und was verstehen Sie unter Achtsamkeit?

»Der gegenwärtige Augenblick, das Jetzt, ist der einzige Augenblick, in dem wir wirklich leben.«

JON KABAT-ZINN

Was ist Achtsamkeit?

Achtsamkeit (engl. mindfulness) oder Achtsamkeitsmeditation ist eine Form der Aufmerksamkeit, die auf den gegenwärtigen Moment gerichtet ist, ein bestimmter Bewusstseinszustand: Es ist eine Art, offen für unsere Erfahrung zu sein, wie sie sich uns von Augenblick zu Augenblick präsentiert.

Achtsam zu leben bedeutet Jon Kabat-Zinn[1] zufolge, das Leben in all seinem Facettenreichtum anzunehmen, indem wir den nötigen Raum finden, um an Kraft wie auch an Weisheit wachsen zu können.

Unsere Erziehung, unsere Konditionierungen und bestimmte Automatismen verleiten uns dazu, dass wir gegen das Leben ankämpfen, wenn es schwierig ist, und es nicht (immer) genießen, wenn es angenehm ist. Außerdem werden wir von unserem mächtigen Gehirn, unserer »Denkmaschine«, oft mitgerissen (in die Vergangenheit, in die Zukunft), weg von dem, wo wir uns gerade befinden. Die Folge: Wir sind häufig unserem eigenen Leben entfremdet.

---

1 Jon Kabat-Zinn ist emeritierter Professor der Medizinischen Fakultät von Massachusetts. Er ist der Urheber jener Studien, die die Achtsamkeit in der medizinischen und wissenschaftlichen Welt systematisiert und bekannt gemacht haben.

Achtsamkeit bietet uns die Möglichkeit, uns Schritt für Schritt mit der Aufmerksamkeit vertraut zu machen und uns wieder mit all unseren Sinnen zu verbinden.

Der erste Schritt besteht darin, dass wir lernen innezuhalten. Das sind wir – ständig mit Aktivitäten beschäftigt und von automatischen Gedanken überflutet – allerdings kaum gewöhnt.

Übung 1: Innehalten

Hören Sie nach diesem Abschnitt auf zu lesen und beobachten Sie Ihre Erfahrung, hier und jetzt. Wie ist das Papier beschaffen, das Sie in den Händen halten? Wie dick ist es? Wie biegsam ist es? Betrachten Sie die Umrisse dieses Hefts, seine Form, seine Farbe ... Wie riecht das Papier? Welche Gedanken gehen Ihnen gerade durch den Kopf? Wie fühlen Sie sich?

Meine Achtsamkeitspunktzahl

Überlegen Sie, wie Sie normalerweise reagieren, und beantworten Sie den kleinen Fragebogen[2]. Geben Sie auf der Skala von 1 (fast immer) bis 6 (fast nie) an, wie oft Sie sich in der jeweiligen Situation wiederfinden. Zählen Sie am Ende Ihre Punkte zusammen und teilen Sie die Summe durch 9. So erhalten Sie Ihr Ergebnis (von 10 möglichen Punkten), das anzeigt, wie ausgeprägt Ihre Veranlagung zur Achtsamkeit ist – je höher Ihre Punktzahl, desto besser:

	1	2	3	4	5	6
Es kommt vor, dass ich ein bestimmtes Gefühl habe, es aber erst nach einer gewissen Zeit bewusst wahrnehme.						
Ich mache Dinge kaputt oder werfe sie um, weil ich unaufmerksam bin oder an etwas anderes denke.						
Ich habe Schwierigkeiten, mich auf das zu konzentrieren, was in der Gegenwart passiert.						
Ich gehe tendenziell schnell zu meinem Ziel, ohne darauf zu achten, was auf dem Weg passiert.						

2 F. Jermann, J. Billieux., F. Larøi, A. d'Argembeau, G. Bondolfi, A. Zermatten et al. (2009): »Mindful Attention Awareness Scale (MAAS): Psychometric Properties of the French Translation and Exploration of its Relations with Emotion Regulation Strategies«, *Psychological Assessment 21* (4), 506-514.

	1	2	3	4	5	6
Ich neige dazu, körperliche Anspannung oder Unbehagen so lange nicht wahrzunehmen, bis diese Empfindungen wirklich meine Aufmerksamkeit auf sich ziehen.						
Ich vergesse den Namen eines Menschen fast sofort, nachdem ich ihn das erste Mal gehört habe.						
Ich habe den Eindruck, dass ich im »Automatik-Modus« funktioniere, ohne dass mir besonders bewusst ist, was ich tue.						
Ich erledige Dinge sehr schnell, ohne wirklich darauf zu achten.						
Ich bin so sehr auf mein angestrebtes Ziel konzentriert, dass ich das aus dem Blick verliere, was ich gerade tue, um dieses Ziel zu erreichen.						
Ich verrichte Arbeiten oder Aufgaben automatisch, und merke gar nicht bewusst, was ich gerade tue.						
Ich ertappe mich dabei, wie ich jemandem mit einem Ohr zuhöre, während ich gleichzeitig etwas anderes tue.						
Ich fahre »auf Autopilot« und es kommt vor, dass ich erstaunt bin, mich dort wiederzufinden, wo ich bin.						
Ich ertappe mich dabei, dass ich wegen der Zukunft oder der Vergangenheit besorgt bin.						
Manchmal merke ich überrascht, dass ich Dinge tue, ohne darauf zu achten.						
Ich kaue, ohne mir wirklich bewusst zu sein, dass ich gerade esse.						
Gesamt						
Gesamt	………… / 9 = …………					

»Gott besucht uns häufig,
aber meistens sind wir nicht zu Hause …«

ARNO BACKHAUS

Machen Sie sich bewusst, dass Sie »abwesend« sind

Die meiste Zeit funktionieren wir mechanisch, automatisch, ohne die Erfahrung, die wir gerade durchleben, wirklich bewusst wahrzunehmen. Dieses automatische Funktionieren wirkt sich ganz entscheidend auf unsere Lebensqualität aus – in schwierigen Momenten ebenso sehr wie in angenehmen.

Wegen dieser chronischen Achtlosigkeit laufen wir Gefahr, an unserem Leben vorbeizugehen, abgekoppelt vom Wesentlichen. Wie oft werden wir im Lauf des Tages von Gedanken mitgerissen, die wir in Wahrheit gar nicht kontrollieren?

Übung 2:

Erstellen Sie eine Liste all Ihrer Aktivitäten vom Zeitpunkt Ihres Aufwachens an bis jetzt. Für wie viele davon können Sie wirklich sagen, dass Sie sie ganz bewusst und geistig präsent (ohne an etwas anderes zu denken) ausgeübt haben? Können Sie einschätzen, wie weit Sie wirklich aufmerksam waren und was Sie gleichzeitig getan (oder gedacht) haben?

Aktivität	Der Grad Ihrer bewussten Aufmerksamkeit bei dieser Aktivität in Prozent	Was haben Sie gleichzeitig noch getan?
Aus dem Bett aufstehen	5 %	Meinen Tag geplant
Frühstücken	15 %	Geträumt, Zeitung gelesen
Die Schultasche meiner Kinder vorbereiten	50 %	Geschimpft, auf die Uhr gesehen

Kleines Quiz zur Achtsamkeitsmeditation

	Stimmt	Stimmt nicht
1. Um achtsam zu meditieren, muss man aufhören zu denken.	☐	☐
2. Meditieren heißt, sich seinen Träumereien hinzugeben.	☐	☐
3. Meditieren heißt lange nachdenken.	☐	☐
4. Das Ziel des Meditierens ist es, sich nach einem ermüdenden Tag zu entspannen.	☐	☐
5. Achtsamkeitsmeditation ist eine religiöse Praxis.	☐	☐
6. Das Ziel der Meditation besteht darin, unangenehme Gedanken zu unterdrücken.	☐	☐
7. Meditieren ist eine ausschließlich selbstbezogene Praxis.	☐	☐
8. Man braucht Zubehör (Räucherstäbchen, Meditationskissen), um richtig zu meditieren.	☐	☐
9. Man kann nur meditieren, wenn man ruhig ist.	☐	☐
10. Meditieren heißt, seine Gedanken in alle Richtungen zu drehen und zu wenden.	☐	☐

Antworten: 1 bis 10: Stimmt nicht; es ist eine Liste von Vorurteilen über Achtsamkeitsmeditation.

Achtsamkeit ist Übungssache

Achtsamkeit ist eine Art, mit sich selbst und der Welt in Beziehung zu treten, die man trainieren kann und die Übung erfordert. Das ist es, was der buddhistische Mönch Matthieu Ricard als »Schulung des Geistes« bezeichnet.

Es ist unschwer zu verstehen, dass das regelmäßige Üben für das Erlernen einer Sprache oder eines Musikinstruments oder für das Ausüben einer Sportart unerlässlich ist. Dasselbe gilt auch für die Achtsamkeit. Regelmäßiges Üben ermöglicht es uns, uns mit dieser Art des bewussten Gegenwärtigseins zu verbinden, sogar (und vor allem!) in schwierigen Momenten.

Das Paradoxe an der Sache: Wir sind selten motiviert zu üben, wenn es uns gut geht: Meditieren, was für ein Zeitverlust, wo es doch so viel anderes zu »tun« gibt! Doch mitten in den Wirren einer schwierigen Situation bleiben uns häufig weder genug Energie noch die nötigen Ressourcen, um die Praxis der Achtsamkeit zu erlernen. Achtsamkeit üben bedeutet, dass wir uns – indem wir unseren Fallschirm weben – Tag für Tag auf den Moment vorbereiten, wenn wir aus 5000 Meter Höhe aus dem Flugzeug springen müssen.

»Der beste Moment zu üben ist immer … jetzt.«

THICH NHAT HANH

Zeichnen Sie Ihren eigenen Fallschirm:

Wissenschaftliche Studien zur Achtsamkeit

Programme zum Erlernen der Achtsamkeit werden von sehr vielen wissenschaftlichen Studien untermauert. Ihre Ergebnisse sind sehr ermutigend, sowohl was die Immunabwehr als auch was den Umgang mit chronischen Schmerzen und die Behandlung von Ängsten oder depressiven Rückfällen angeht.

Anders als lange Zeit angenommen, behält das Gehirn seine »Plastizität«, die Fähigkeit, sich zu verändern – und das selbst im Erwachsenenalter. Das ist eine spannende Erkenntnis: Indem wir üben, können wir unsere Gehirnstrukturen beeinflussen und verändern, um unser Wohlbefinden und unsere Lebensqualität zu steigern.

Untersuchungen – insbesondere die buddhistischer Mönche (bei denen während der Meditation eine Kernspintomografie durchgeführt wurde) – zeigten in den Bereichen, die mit Gedächtnis, Selbstbewusstheit, Empathie und Stress zusammenhängen, messbare Veränderungen.

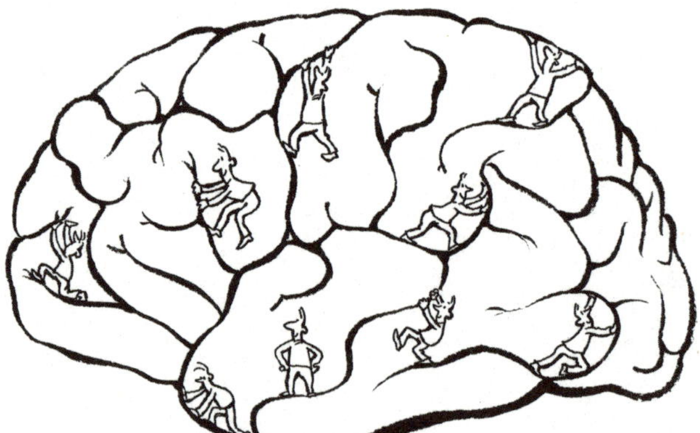

Selbst bei Personen, die erst seit zweieinhalb Monaten Achtsamkeitsmeditationen üben, sind diese Veränderungen schon zu erkennen.

Der Frosch im Kochtopf

Es heißt, wenn man einen Frosch in einen Kochtopf mit kaltem Wasser setzt und das Wasser nach und nach zum Kochen bringt, dann passt sich der Frosch an, wird benommen und träge, gewöhnt sich an die Temperatur und endet letztendlich gekocht ... Wirft man ihn dagegen plötzlich in sehr heißes Wasser, rettet er seine Haut (und sein Leben!) mit einem großen Satz. Wie steht es mit uns? In welchem Ausmaß sind uns, die wir ins Bad des Lebens eingetaucht sind, Änderungen der Temperatur oder des Wasserstands bewusst?

Schließlich stellt uns diese Metapher vor eine Frage: Macht uns der materielle Komfort, der uns einlullt, träge und benommen? Sind wir durch eingeschliffene Gewohnheiten konditioniert? Falls ja, wie weit geht das und welche Auswirkungen hat es auf unser Gegenwärtigsein, darauf, wie bewusst wir das Leben wahrnehmen?

Unsere bewusste Aufmerksamkeit trainieren, unser Achtsamkeitsvermögen entwickeln: Das bedeutet, wir geben uns die Gelegenheit, für das Leben »präsent« zu sein – jeden Augenblick.

Übung 3: Die eigenen Körperhaltungen wahrnehmen

Spüren Sie jetzt bewusst Ihre Haltung. Ändern Sie sie nicht sofort. Wenn Sie sitzen, nehmen Sie jene Teile Ihres Körpers bewusst wahr, die die Sitzfläche und den Boden berühren. Gibt es angespannte Stellen? Beobachten Sie mehrmals täglich Ihre Haltung, während Sie sitzen, und nehmen Sie sie bewusst wahr.

Auf den Körper gerichtete Achtsamkeit

Eines der nützlichsten Elemente, um uns mit dem gegenwärtigen Moment zu verbinden, ist unbestreitbar unser Körper. Aus welchem Grund? Unser Körper ist stets verfügbar und daher als »Stütze« für die Praxis sehr geeignet: Wir haben ihn immer dabei! Um einen buddhistischen Terminus wieder aufzugreifen: Der Körper ist unser »Fahrzeug« auf der Reise unseres Lebens. Im Allgemeinen treten wir aber nur dann mit unserem Körper in Verbindung, wenn er uns Schmerzen bereitet. Wir werden lernen, uns mit ihm zu verbinden, ihn wirklich zu bewohnen – und zwar in jedem Moment.

Von unseren Empfindungen abgekoppelt, merken wir nicht rechtzeitig, wie sich unsere Umwelt auf uns auswirkt. Es ist also wichtig für unsere Lebensqualität, dass wir lernen, wie wir wieder eine Verbindung mit unserem Körper herstellen können.

Kleines Quiz über den menschlichen Körper

a) Wie viel wiegt der Kopf eines Menschen (mit einem Gewicht von etwa 70 kg) durchschnittlich?
2 kg – 5 kg – 8 kg – 16 kg

b) Wie hoch ist der prozentuale Wasseranteil an unserer Körpermasse?
5 % – 10 % – 40 % – 60 %

c) Unsere Haut ist ein sehr wichtiges Organ. Welche Fläche umfasst sie durchschnittlich?
0,5 m^2 – 1 m^2 – 2 m^2 – 5 m^2

Antworten: a) 5 kg; b) 60 %; c) 2 m2

Übung 4: Der »Body Scan«

Eine der Grundübungen der Übungsprogramme zur Achtsamkeit nennt sich »Body Scan«. Ihr Ziel besteht darin, den Kontakt zum Körper insgesamt (wieder) herzustellen und sich im gegenwärtigen Moment zu verankern. Diese Übung wird in der Regel im Liegen durchgeführt. Mein Vorschlag ist: Machen Sie sie einfach so, wie Sie gerade sind, dort, wo Sie sich gerade befinden. (Sie können den Body Scan auch mithilfe einer Audio-Aufnahme, z. B. mit einer der im Handel erhältlichen CDs, durchführen.)

Machen Sie es sich bequem. Spüren Sie bewusst Ihren Körper, sein Gewicht, wie er im Boden verankert ist, seine Position im Raum. Machen Sie sich auch Ihren Atem bewusst, wie er aus- und einströmt.

Nehmen Sie sich einen Moment Zeit, um die Stellen zu spüren, die in Kontakt mit den Flächen sind, auf denen Sie sitzen oder liegen. Wenn Sie auf einem Stuhl sitzen, dann spüren Sie die Stellen, die in Kontakt mit ihm sind (Gesäß, Rücken und die Füße auf dem Boden). Wenn Sie auf dem Bett liegen oder im Park auf einer Wiese, spüren Sie die Stellen, die mit dem Gras, der Decke ... in Kontakt sind.

Durchlaufen Sie alle Körperteile, ohne zu werten, so als wären Sie ein Besucher, der während eines Spaziergangs die einzelnen Orte zum ersten Mal entdeckt.

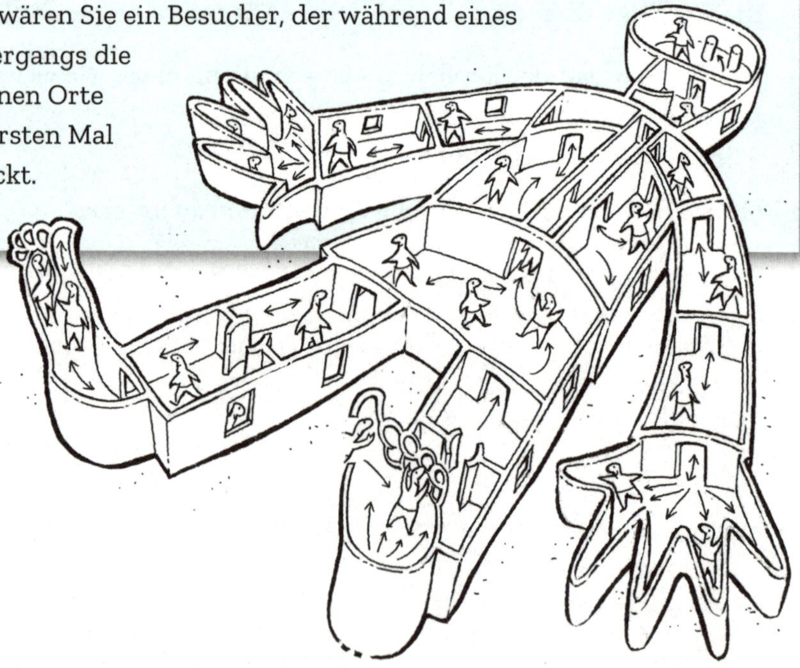

Beginnen Sie Ihre Reise bei den Zehen des linken Fußes, wie eine kleine Ameise. Konzentrieren Sie sich auf jeden einzelnen Zeh, auf die jeweiligen Empfindungen: Kontakt zu den Zehen daneben, Temperatur oder jegliche andere Empfindung. Lenken Sie Ihre Aufmerksamkeit dann auf die Fußsohle, die Ferse, die Fußoberseite ... Nehmen Sie die geringsten Empfindungen achtsam wahr. Wandern Sie dann weiter zum Fußknöchel, zum unteren linken Bein, zur Wade, zum Schienbein, Knie und so weiter. Lassen Sie sich Zeit (eine Ameise kommt nicht sehr schnell voran!). Nehmen Sie nacheinander alle Körperteile bewusst wahr: das obere linke Bein; gehen Sie dann zum rechten Fuß, dann kommt das rechte Bein, Becken, Rücken, Bauch, Brust, Finger, Hände, Arme, Schultern, Hals, Kopf und Gesicht. Spüren Sie Ihren Atem im ganzen Körper; beobachten Sie, wie die Empfindungen sich verändern.
Fertigen Sie eine Zeichnung an, um Ihre Empfindungen besser beschreiben zu können. Malen Sie nach dieser Übung die menschliche Silhouette bunt aus. Verwenden Sie die Farben, die Ihre Gefühle veranschaulichen: Rot für Hitze, Blau für Kälte, Braun für eine Empfindung der Schwere, Orange für Leichtigkeit, Striche für Juckreiz, Punkte für Kribbeln, Brennen oder Prickeln ...

Richte den Blick nach innen
und du findest Tausend Gebiete,
die noch unergründet in deines Geistes Tiefe liegen.
Bereise sie, und sei Gelehrter deiner
inneren Kosmographie.

HENRY DAVID THOREAU[3]
(AMERIKANISCHER PHILOSOPH UND DICHTER, 1817–1862)

3 Aus *Walden, ein Leben mit der Natur;* deutsch von Erika Ziha, ergänzt und überarbeitet von Sophie Zeitz, Deutscher Taschenbuch Verlag, München 2000, S. 304.

Wenn wir atmen, dann heißt das, wir sind am Leben!

Unser Atem ist ein sehr gutes Hilfsmittel, um in die Gegenwart zurückzukehren. Stets ist er da, vom Moment unseres ersten Schreis an bis zu unserem letzten Atemzug. Er variiert mit unserer Stimmung: tiefer oder eher stoßweise und abgehackt, langsamer oder schneller – je nachdem, wie entspannt oder gestresst wir gerade sind. Sich auf den eigenen Atem konzentrieren bedeutet, ins Hier und Jetzt einzutauchen. (Auch bei der Atemachtsamkeit können Sie, wenn Sie möchten, eine CD oder sonstige Audio-Aufnahme zu Hilfe nehmen.)

Übung 5: Durch das bewusste Wahrnehmen des Atems in die Gegenwart zurückkehren

Spüren Sie bewusst die Luft am Naseneingang, wie sie in Ihre Nasenlöcher einströmt und wieder austritt.
Nehmen Sie die Empfindungen im Bauch wahr, das Ein- und Ausströmen der Luft in Ihre Lunge.
Legen Sie eine Hand auf Ihren Bauch und spüren Sie die Bewegung des Atems.
Machen Sie sich Ihre körperlichen Empfindungen insgesamt bewusst, die mit der Atmung einhergehen.
Schon sehr bald werden Ihnen Gedanken durch den Kopf schwirren. Sobald Sie dies merken, lenken Sie Ihre Aufmerksamkeit wieder behutsam zum Atem zurück.
Ziel ist, weder den Atem zu kontrollieren noch die Gedanken, sondern einfach, Sie wieder mit der Erfahrung des gegenwärtigen Moments zu verbinden.

Übung 6:

Markieren Sie auf der Zeichnung alle Körperteile, in denen Sie Ihren Atem spüren können. Zeichnen Sie ein, was sich bewegt und wie es sich bewegt!

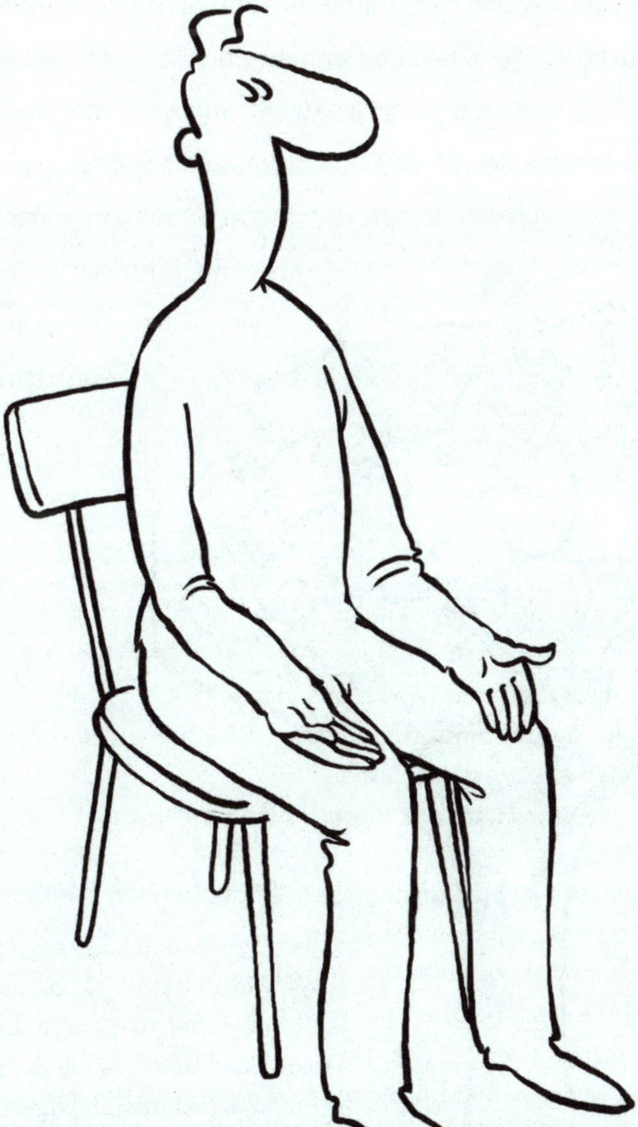

Wie ein Affe, der sich von Ast zu Ast schwingt

Unser Geist neigt dazu, dauernd abzuschweifen und von einem Gedanken zum nächsten zu springen, und häufig folgen wir ihm. Wie ein Affe, der hin- und herschaukelt und sich von einem Ast zum nächsten schwingt, ist unsere »Denkmaschine« unersättlich und stets bereit, sich an jeden Reiz zu klammern. Wenn man seinen Geist nicht zur Ruhe bringt, ist es jedoch nahezu unmöglich, sich zu konzentrieren.

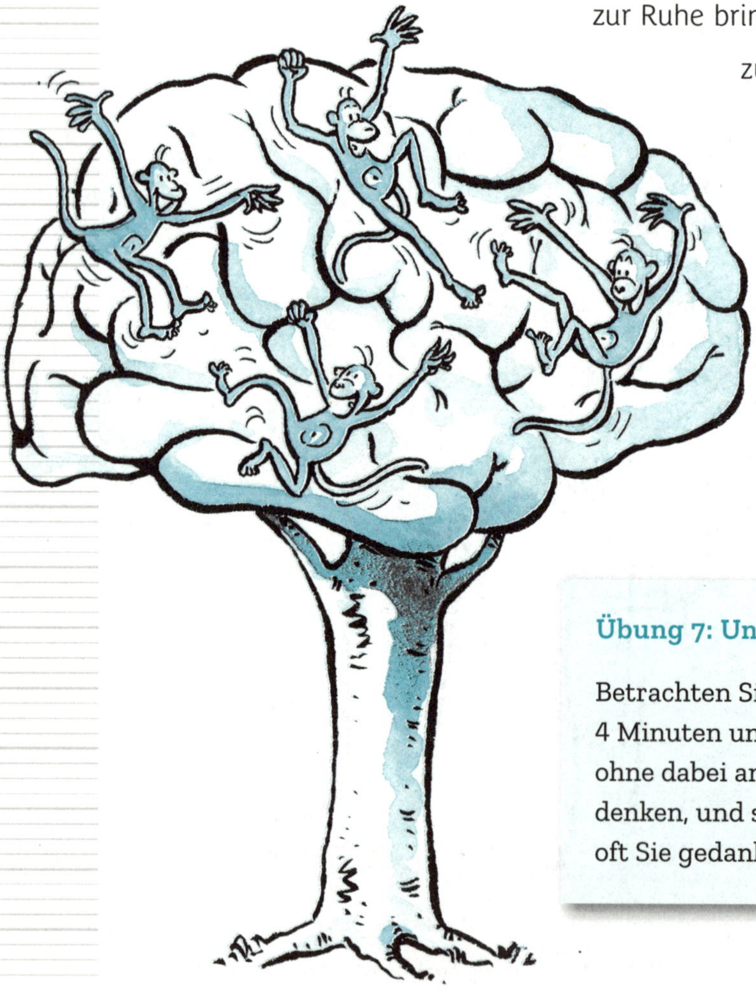

Übung 7: Unsere Gedanken

Betrachten Sie diese Zeichnung 4 Minuten und 30 Sekunden lang, ohne dabei an etwas anderes zu denken, und schreiben Sie auf, wie oft Sie gedanklich abgeschweift sind.

Eine Reise ins Reich der Gedanken und zurück

Unser Gehirn ist eine großartige Denk-, Planungs- und Imaginationsmaschine. Es ist ein ausgezeichneter Diener, erweist sich aber als sehr schlechter Herr, wenn wir ihm die Kontrolle über unser Leben und unsere Gedanken überlassen. **Erinnern Sie sich, wie oft Sie zum Beispiel einen Streit bis zum Überdruss wiedergekäut oder einen wichtigen Vortrag so intensiv vorbereitet haben, dass er Sie bis in Ihre Träume verfolgte?**

Vervollständigen Sie die Begriffe, die beschreiben, was der Geist gut kann:

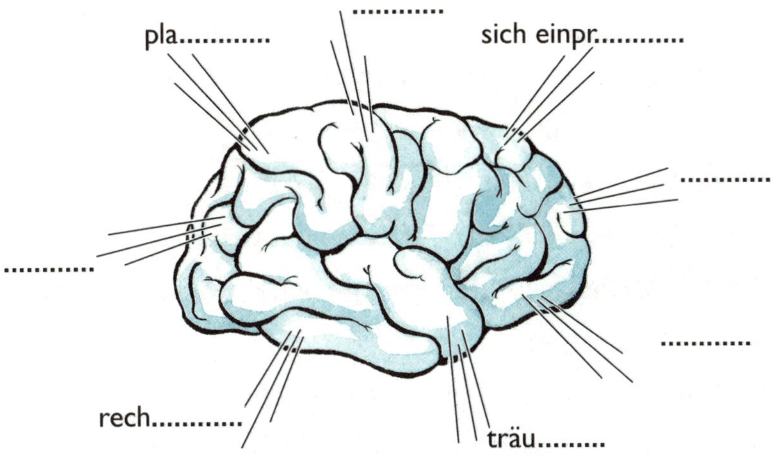

Antworten: planen, rechnen, träumen, sich einprägen

»Das Denken lebt in einem Teufelskreis. Es schafft sich selbst Probleme und versucht anschließend, sie zu lösen.«

SWAMI PRAJNANPAD

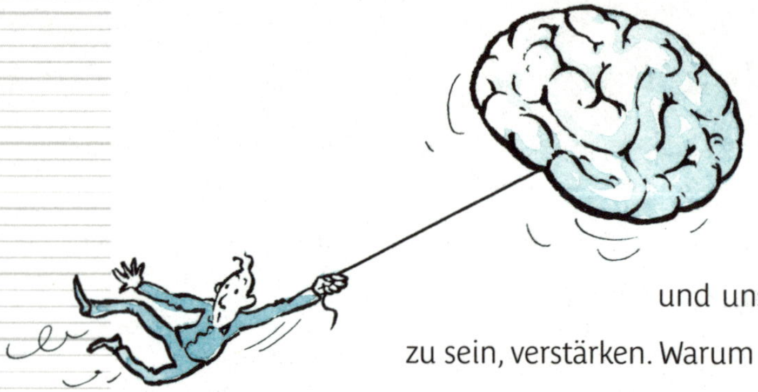

Mithilfe des Achtsamkeitstrainings können wir die Denkmaschine in den Griff bekommen und unsere Fähigkeit, aufmerksam zu sein, verstärken. Warum ist das wichtig?

Ein Beispiel: Sie lesen gerade dieses kleine Heft. Vielleicht sitzen Sie in einem Zug, liegen im Garten, sind mit Kindern zusammen oder auch allein, in einer ruhigen oder hektischen Umgebung. **Wie oft haben Sie Ihre Lektüre seit Beginn dieser Seite unterbrochen? Wie oft haben Sie dasselbe Wort oder denselben Satz immer wieder von vorn gelesen?**

Unsere Gedanken lassen uns unweigerlich abschweifen: hin zu (glücklichen oder unglücklichen) Erinnerungen, zu Träumereien, Dingen, die »erledigt werden müssen« ... Und das umso mehr, wenn wir versuchen, uns zu konzentrieren (auf einen Bericht, auf das Wiederholen von Unterrichtsstoff ...). Das ist normal, so funktioniert unser Geist nun einmal. Haben Sie daher keine Hemmungen, mit Ihren Gedanken »abzudriften«, und vor allem: Versuchen Sie nicht, sie anzuhalten!

Die ganze Kunst der Achtsamkeit besteht im bewussten Wahrnehmen dessen, dass wir »abgedriftet« sind, von unseren Gedanken mitgerissen wurden, und dann immer wieder »zurückzukommen«, indem wir uns mithilfe unserer Sinne wieder mit einem Objekt der Aufmerksamkeit (zum Beispiel unserem Atem) verbinden. Diese

Fähigkeit zur Aufmerksamkeit, dieses bewusste Gewahrwerden unseres Abschweifens ist der Anfang unserer Reise, die uns weg- und wieder zurückführt.

Übung 8: Eine gewöhnliche Aktivität achtsam erleben

Wählen Sie eine alltägliche, »banale« Aktivität aus, wie zum Beispiel Zähne putzen, duschen, Geschirr spülen ... Nehmen Sie sich vor, diese Aktivität eine Woche lang achtsam auszuführen. Wechseln Sie dann in der darauf folgenden Woche die Aktivität.

- Beispiel: Zähne putzen

  Achten Sie darauf, wie Sie die Zahnbürste halten. Nehmen Sie den Geschmack der Zahnpasta, die Beschaffenheit der Borsten bewusst wahr. Machen Sie sich bewusst, wie schwierig es sein kann, auch nur drei Minuten »allein unter vier Augen« mit seiner Zahnbürste zuzubringen. Wenn Ihr Geist abschweift, kehren Sie immer wieder zur Zahnbürste zurück.

Achten Sie auf Folgendes:

- Wie lange hat es gedauert, bis Sie an etwas anderes gedacht haben?
- Wie oft sind Sie »abgedriftet«?

Übung 9: Ergänzen Sie die Liste der Aktivitäten, die Sie achtsam ausführen könnten, und wählen Sie eine Aktivität pro Woche aus:

- Zähne putzen
- Duschen
-
-
-

»Nimm die Welt wirklich wahr, bevor du versuchst, dir eine Vorstellung von ihr zu machen.«

CHRISTOPHE ANDRÉ

Bewerten oder beobachten?

Achtsamkeit fordert uns auf, einfach zu beobachten, ohne das, was geschieht, zu bewerten. Ein solches »nicht urteilendes Gewahrsein« aufrechterhalten heißt, sich in einen Wissenschaftler hineinzuversetzen, dessen Labor – zwischen seinen Ohren liegt! Es heißt, neugierig und ohne Erwartungshaltung zu beobachten.

(Nahezu) automatisch analysieren wir Situationen, Erfahrungen und Personen, mit denen wir konfrontiert werden. Wir ordnen sie Kategorien zu, vergleichen und bewerten sie. Sehr oft beginnt unser Gehirn nicht nur **eine** Analyse, sondern **zehn** gleichzeitig. Das verbraucht nicht nur Energie, sondern mindert auch unsere Fähigkeit, wirklich gegenwärtig und achtsam zu sein. Infolgedessen engt es auch unsere Möglichkeiten ein, angemessen auf eine Situation zu reagieren.

Eine Situation zu beobachten, so, wie sie ist, ohne sie zu beurteilen, das schafft neuen Freiraum. Diese Freiheit ist ein sehr gutes Hilfsmittel, um zum Beispiel zu entscheiden, ob eine Handlung oder ein Verhalten angemessen ist.

Übung 10: Wahrnehmen, wie oft wir beurteilen

Stellen Sie sich vor einen Spiegel und betrachten Sie Ihr Gesicht. Beschreiben Sie es so sachlich und unvoreingenommen wie möglich. Das ist nicht leicht, nicht wahr? Wir sind so daran gewöhnt, zu bewerten – angefangen bei uns selbst!

Registrieren Sie jede Bewertung und kehren Sie zur Beschreibung, zur Beobachtung zurück.

Übung 11: Zur besseren Unterscheidung von Bewertungen und Beobachtungen

Geben Sie an, ob die Sätze eine Beobachtung **B** oder ein Urteil **U** enthalten:

Mein Nachbar mag mich wirklich nicht.	
Gestern bin ich meinem Nachbarn auf der Straße begegnet und er hat mich nicht gegrüßt.	
Ich bin zu dick.	
Das ist wirklich ein bissiger Hund.	
Der Baum im Garten ist 3,50 Meter hoch.	
In großen Städten sind die Einwohner wirklich nicht großzügig.	
Ich wiege 95 kg.	
Als ich den Hund bellen hörte, spürte ich, wie mein Herzschlag sich beschleunigte.	
Der Baum ist wirklich riesig.	
In dieser Besprechung war ich wirklich eine Niete.	
Als ich gefragt habe, welchen Weg ich in dieser Stadt nehmen müsse, hat mein Gesprächspartner mir nicht geantwortet.	
Bei der Besprechung habe ich keine einzige Frage gestellt.	

Antworten: 1, 3, 4, 6, 9 und 10 – U
2, 5, 7, 8, 11 und 12 = B

Unsere Gedanken sind nicht die Realität

Unsere Gedanken und Gefühle sind eng miteinander verbunden. Ein Gedanke (an ein schwieriges, unangenehmes Ereignis) kann ein schwieriges Gefühl (wie Angst) begünstigen. Umgekehrt kann ein Angstzustand negative Gedanken hervorrufen. Eine spezielle Eigenheit unserer Gedanken ist zudem, dass sie sich oft automatisch einstellen und sich ständig wiederholen.

Durch die Praxis der Achtsamkeit können wir lernen, uns aus der Sklaverei unserer Gedanken zu befreien. Ziel ist nicht, bestimmte Gedanken zu unterdrücken oder sie durch andere zu ersetzen. Die Schulung des Geistes vermittelt uns, wie wir Gedanken als das betrachten können, was sie sind: eben nur Gedanken.

Eigentlich versteht es sich von selbst, und doch denken wir nie daran: Probleme entstehen weniger durch einen negativen Gedanken an sich (zum Beispiel: »Niemand mag mich«), sondern dadurch, dass wir diesen Gedanken sehr ernst nehmen, als sei er eine Tatsache, Wirklichkeit. Wir können jedoch lernen, uns bewusst zu entscheiden, wie wir uns verhalten wollen, statt automatisch auf unsere Gedanken zu reagieren.

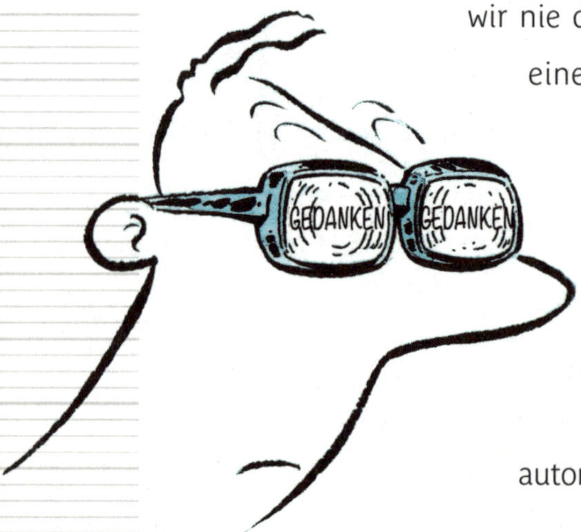

Übung 12: Die Top 5 unserer schwierigen Gedanken

Stellen Sie fest, welche fünf negativen Gedanken Ihnen am häufigsten durch den Kopf gehen. Lernen Sie dann, sie so schnell wie möglich zu erkennen: Sieh an, da kommt ja wieder mein Gedanke Nummer 2: »Es ist immer meine Schuld!« Oh, mein Gedanke Nummer 1 ist da: »Die Welt ist wirklich schrecklich!« Dass wir die Gedanken aufkommen sehen und sie beobachten, gibt uns die Gelegenheit, Abstand zu ihnen zu gewinnen, sodass sie uns etwas weniger im Griff haben.

Meine Top 5:

1. ....
2. ....
3. ....
4. ....
5. ....

Sie können sich auch einfach hinsetzen, ein Blatt Papier zur Hand nehmen und fünf Minuten lang alle Gedanken aufschreiben, die Ihnen durch den Kopf gehen. Meine Gedanken:

....

....

Ein Körper, der lebt, ein Kopf, der beschreibt

Haben Sie schon einmal versucht, eine Telefonnummer mit Fäustlingen zu wählen? Versuchen Sie es, Sie werden feststellen, dass es ziemlich schwierig ist … Spürt man beim Kontakt mit dem Boden dasselbe, wenn man barfuß läuft oder dicke Stiefel trägt?

Das Achtsamkeitstraining ersetzt Beurteilungen durch die Beschreibung präziserer Sinnesempfindungen. Das macht es uns möglich, Erfahrungen anhand ihrer verschiedenen Facetten besser zu begreifen.

Tragen Sie einmal pro Woche Ereignisse, die Ihnen in Ihrer Erinnerung als unangenehm erscheinen, in die folgende Tabelle ein:

Erfahrung	War die Erfahrung Ihnen in diesem Moment bewusst?	Beschreiben Sie die Erfahrung.	Welche körperlichen Empfindungen hatten Sie dabei?	Welche Gefühle waren da?	Welche Gedanken gingen Ihnen durch den Kopf?
Erfahrung 1 **Sie erhalten eine E-Mail von jemandem, der Sie kurz zuvor gekränkt hat.**	Ja		Anspannung im ganzen Körper; ein Gewicht lastete auf der Brust; der Atem ging stoßweise.	Ärger, Zorn, Traurigkeit, Verunsicherung	»Warum hat sie mir das angetan?«, »Wann lässt sie mich endlich in Frieden?«
Erfahrung 2					
Erfahrung 3					
Erfahrung 4					

Erfahrungen der 5 Sinne

Wir können unsere Erfahrung auch noch auf eine andere Art bereichern: indem wir uns mit unseren Sinnen verbinden.

Tastsinn

Der Tastsinn ist vielleicht der Sinn, mit dem wir am leichtesten in Verbindung treten können. Schließlich ist die Haut das Körperorgan mit der größten Ausdehnung!

Konzentrieren Sie sich auf **drei Empfindungen**: Nehmen Sie, wenn Sie das nächste Mal duschen, ganz bewusst die Empfindung des Waschlappens, des herabtropfenden Wassers und des Schaums auf Ihrer Haut wahr.

Hören

Ständig sind wir von einem vielstimmigen Geräuschpegel umgeben – aber achten wir wirklich darauf?

Richten Sie Ihre Aufmerksamkeit auf **drei Geräusche** in Ihrer Umgebung: den Ventilator, einen bellenden Hund, das Knarzen des Stuhls, wenn Sie Ihre Haltung ändern. Hören Sie, ohne zu urteilen, und lassen Sie die Erfahrung aufsteigen. Wenn plötzlich Gedanken auftauchen, denken Sie an die Rückfahrkarte: Kehren Sie immer wieder zum jeweiligen Geräusch zurück!

Sehen

Vielleicht haben Sie schon einmal die Erfahrung gemacht, wie es ist, eine Strecke zu Fuß zu gehen, die Sie normalerweise mit dem Auto zurücklegen. Erstaunlich, nicht wahr, wie viel Neues es zu entdecken gibt, neue Details, die Sie bis dahin gar nicht bemerkt hatten!

Lenken Sie Ihre Aufmerksamkeit auf **drei Objekte** in Ihrer Umgebung und betrachten Sie sie achtsam, als sähen Sie sie zum ersten Mal. Seien Sie dabei ganz offen.

Riechen

Der Geruchssinn ist ein sehr starker Sinn, den wir wenig einsetzen. Häufig ordnen wir einen Geruch der Kategorie »gut« oder »schlecht« zu.

Versuchen Sie, **drei verschiedene Gerüche** um Sie herum wahrzunehmen, sie der Reihe nach zu identifizieren und zu beschreiben. Sie werden sehen, dass Ihnen schon sehr bald die Adjektive ausgehen.

Schmecken

Wie der Geruchssinn kann auch der Geschmackssinn uns sehr schnell von der Gegenwart wegführen: Wir alle kennen Gebäck, das in uns Erinnerungen an unsere Kindheit wachruft. Angeblich kann man erst nach zehn Versuchen wirklich sagen, ob ein Kind ein bestimmtes Nahrungsmittel mag oder nicht. Oft bereiten die Eltern es auf unterschiedliche Weise zu, fügen es einer Suppe hinzu, vermischen es, kochen es oder lassen es roh. Diese Tricks, die man ganz natürlich anwendet, sollen ganz einfach verhindern, dass unsere Denkmaschine das betreffende Nahrungsmittel einer Kategorie zuordnet und es vom Verstand her ablehnt, statt die Erfahrung der Gegenwart zugrunde zu legen und wirklich nach dem Geschmack zu urteilen.

Nun sind Sie dran: Probieren Sie **drei Nahrungsmittel** oder Speisen, die Sie nicht mögen. Und nicht vergessen, zehnmal!

»Ich habe mein Glück an dem Geräusch erkannt,
das es machte, als es mich verließ.«

JACQUES PRÉVERT

Die außergewöhnliche Freude an gewöhnlichen Momenten

Warum warten wir so oft erst, bis eine schwierige Situation eintritt, um uns darüber klar zu werden, wie gut es uns vorher ging?

Menschen haben ein außergewöhnliches Vermögen, sich an jede Situation anzupassen. Mit einem Unglück konfrontiert, stellen sich die meisten darauf ein und ihr Wohlbefinden hat sich nach einer gewissen Zeit wieder dem Zustand vor dem Unglück angeglichen. Pech für uns ist allerdings, dass es sich mit dem Glück ebenso verhält! Man bezeichnet das fachsprachlich als »hedonistische Anpassung«: Morgens schauen wir den Menschen, mit dem wir tagtäglich zusammenleben, kaum noch an ... des vor zwei Jahren gekauften Autos sind wir schon überdrüssig, obwohl wir seinerzeit so sehr davon geträumt haben ... Genau dieser Prozess ist am Werk.

In unserer Konsumgesellschaft ist alles darauf hin angelegt, uns in genau diese Richtung zu treiben: mehr »tun«, mehr erwerben, noch mehr konsumieren.

Die Fähigkeit, das Hier und Jetzt bewusst wahrzunehmen, die kleinen Momente und einfachen Erfahrungen zu genießen, ist jedoch eines der grundlegendsten Merkmale ausgeglichener, zufriedener Menschen.

Genießen

Achtsamkeit lehrt uns, nicht an den 1000 kleinen Freuden des Lebens vorbeizugehen ... Hier einige Beispiele:

- die Wärme der Sonne auf der Haut spüren (mit Sonnenschutz und in Maßen natürlich!),
- die Farben und Düfte der Gemüsesorten auf dem Markt wahrnehmen,
- das Glück, jemanden zu umarmen, den man liebt.

»Die Nachtigall!
Wie viele von hundert Personen
bemerken sie überhaupt?«

RYOKAN (JAPANISCHER MÖNCH UND DICHTER, 1758–1831)

Eine Liste kleiner Nichtigkeiten, die guttun

Jede Erfahrung beinhaltet sehr viel mehr als das, was wir von ihr im Gedächtnis behalten. Nehmen wir zum Beispiel Schokolade: Haben Sie schon einmal die Etappen des Weges gezählt, den eine Tafel Schokolade nimmt – angefangen beim Schrank, in dem sie liegt, bis hin zum Aroma, das Ihren Gaumen erfüllt, wenn das Stück im Mund schmilzt? Durchlaufen wir diesen Weg einmal: Richten wir unsere Achtsamkeit darauf, wie sich unser Körper zum Schrank bewegt, auf unsere Finger, die die Tafel öffnen, auf unsere Hand, die das Stück Schokolade zum Mund führt …

Beschreiben Sie jeden Tag eine positive Erfahrung.
Seien Sie dabei so genau wie möglich:

Erfahrung	War die Erfahrung Ihnen in diesem Moment bewusst?	Beschreiben Sie die Erfahrung.	Welche körperlichen Empfindungen hatten Sie dabei?	Welches Gefühl war da?	Welche Gedanken gingen Ihnen durch den Kopf?
Erfahrung 1 Mit einem Freund ein Bier trinken	Nicht ganz … (Ich habe eine ganze Weile an eine Arbeit gedacht, die noch nicht erledigt war.)	Das Bier war leicht bitter, frisch …	Entspannung, die Schultern wurden locker.	Zufriedenheit, Freude	»Es ist wirklich schön, einmal nett beisammenzusitzen.«
Erfahrung 2					
Erfahrung 3					
Erfahrung 4					

Der innere Wetterbericht

Viele von uns ziehen die Wettervorhersage zu Rate, bevor sie ihren Tag beginnen. Es ist eine Gewohnheit geworden, durch die wir uns an das Wetter des Tages anpassen und entsprechend anziehen können. Doch ebenso wie das Wetter ist auch unsere Stimmung wechselhaft. Der große Unterschied liegt darin, dass bei der Stimmung niemand außer uns die Vorhersage für den Tag treffen kann.

Nehmen Sie sich Zeit, innezuhalten und Ihren inneren Himmel zu beobachten? Auf unseren inneren Wetterbericht zu hören ermöglicht uns, unsere Erfahrungen und Erlebnisse anzunehmen und sie besser zu verstehen. Überdies gibt es uns die Mittel an die Hand, unser Verhalten bestmöglich anzupassen, statt uns von automatischen Reaktionen lenken zu lassen.

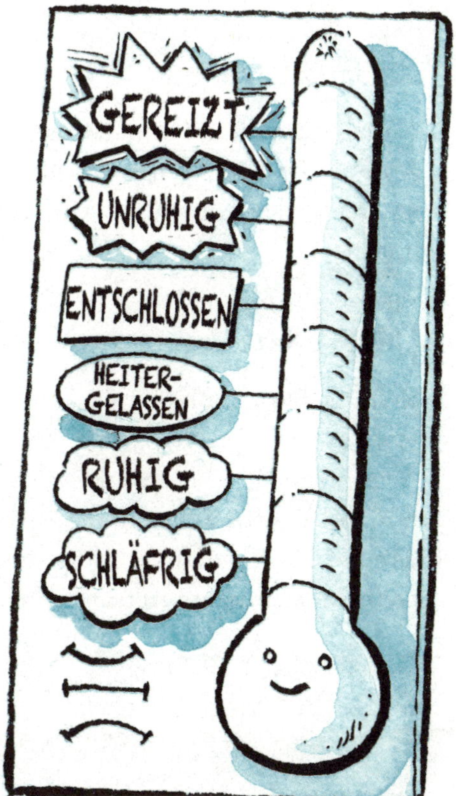

Übung 13: 3 Minuten innerer Wetterbericht

Diese Übung umfasst drei Teile, die jeweils etwa eine Minute lang sind. Mit der Übung können wir Bilanz ziehen, was in uns vorgeht, und unserem »inneren Wetterbericht« folgen, um gegenwärtiger, »präsenter« zu sein.

ERSTER TEIL

Stellen Sie sich folgende Frage: »Was geht gerade in mir vor?« Machen Sie sich dort, wo Sie sind, Ihre körperlichen Empfindungen bewusst. Beobachten Sie anschließend Ihren geistigen Zustand: Gehen Ihnen Gedanken durch den Kopf? Welche? Welches Gefühl ist jetzt gerade da?

ZWEITER TEIL

Nehmen Sie Ihren Atem bewusst wahr. Konzentrieren Sie sich auf die Atmung im Bauchraum. Möglicherweise schweifen Sie in Gedanken ab. Bringen Sie Ihre Aufmerksamkeit einfach sanft wieder zum Atem zurück.

DRITTER TEIL

Nehmen Sie all Ihre Empfindungen bewusst wahr, von Kopf bis Fuß – etwa so, als wäre der Körper eine einzige atmende Zelle. Wie ist Ihr Gesichtsausdruck? Verbinden Sie sich mit all Ihren Sinnen. Was hören Sie? Welche Formen und Farben der Welt umgeben Sie? Verbinden Sie sich mit der Welt. Sie sind hier, ganz gegenwärtig, bereit zu handeln oder nichts zu tun – je nachdem, wofür Sie sich entscheiden!

Mit sich selbst Freundschaft schließen

Achtsamkeit zu praktizieren ist vor allem anfangs nicht leicht. Die eigenen Empfindungen, Gefühle und Gedanken zu beobachten – das ist keine Selbstverständlichkeit. Manchmal werden Sie dabei sogar einschlafen!

Wahrscheinlich sind Sie mitunter frustriert und entmutigt, weil Sie sich nicht konzentrieren können oder Ihre Gedanken die Oberhand gewinnen. In solchen Momenten gehen Sie vielleicht sehr hart mit sich selbst ins Gericht: »Ich bin wirklich eine Niete!«, »Ich kann mich wirklich überhaupt nicht konzentrieren, ich bin einfach unbegabt fürs Meditieren!« Hier kommt es nicht darauf an, dass wir genau wissen, woher diese Härte kommt, sondern dass wir lernen, sie in Sanftheit und Wohlwollen zu verwandeln.

In der Forschung wird eine solche Haltung als »Selbstmitgefühl« oder »Mitgefühl mit sich selbst« bezeichnet. Sie besteht darin, in schwierigen Momenten (Niederlage, Leid) sich selbst gegenüber ein wohlwollendes und verständnisvolles Verhalten an den Tag zu legen. Ich schlage Ihnen vor, sie möglichst in alle Übungen dieses kleinen Hefts mit einfließen zu lassen.

Übung 14: Sich selbst liebevolle Zuwendung entgegenbringen

Sie können die Spiegel-Übung von S. 27 noch einmal aufgreifen. Stellen Sie sich vor einen Spiegel und betrachten Sie Ihr Gesicht. Wenn wertende oder vergleichende Gedanken aufkommen, beobachten Sie sie und entfernen Sie sich wieder, wie eine kleine Ameise, die diese Landschaft – Ihr Gesicht – erforscht. Beschreiben Sie sich freundlich und wohlwollend.

Frage: »Was ist die richtige Sitzhaltung zum Meditieren?«
Antwort: »Die einzig richtige Haltung ist die, die Ihnen bequem ist.«

EDEL MAEX[4]

Das innere Lächeln

Setzen Sie sich bequem hin, lockern Sie den Unterkiefer und öffnen Sie leicht den Mund.
Beobachten Sie Ihren Atem, bis er ganz sanft wird. Wenn Sie merken, dass Ihr Körper entspannt ist, spüren Sie allmählich ein leichtes Lächeln.
Kein Lächeln, das nicht über die Lippen hinausgeht, sondern eines, das von innen heraus kommt.
Als würde Ihr ganzes Wesen sanft lächeln.
Als würde Ihr Bauch lächeln und dieses Lächeln würde von dort aus sanft Ihren ganzen Körper erhellen.
Einfach da sein, empfindsam, aber sehr präsent.

Halten Sie an jedem beliebigen Zeitpunkt des Tages inne und finden Sie dieses Lächeln wieder, wann immer Sie das Bedürfnis dazu verspüren.

4 Edel Maex ist als Psychiater im Krankenhaus Middelheim von Anvers tätig, wo er seit Jahren Achtsamkeitstrainings anbietet.

Sich dem Unbekannten öffnen

Wir haben gesehen, dass die erste »natürliche« Stütze der Achtsamkeit unser Körper ist. Als Zweites – mit ein bisschen mehr Erfahrung – ist es schließlich die ganze Welt, die zur Stütze wird.

Übung 15: Die Erfahrung beobachten, wie sie sich präsentiert

Sitzen Sie einfach da und seien Sie aufmerksam und empfänglich für alles, was sich zeigt. Beobachten Sie neugierig, ohne sich jedoch an etwas zu klammern. Registrieren Sie, wie Ihr Geist daran gewöhnt ist, Ziele und Erwartungen zu haben. Gedanken, Empfindungen und Gefühle können aufkommen, eine Weile bleiben und dann wieder verschwinden. Seien Sie ganz aufmerksam und gleichzeitig offen und wohlwollend gegenüber dem, was in Ihrem Geist aufkommt.

»Nur ein Geist,
der leer von
allem Bekannten ist,
ist kreativ.«

JIDDU KRISHNAMURTI

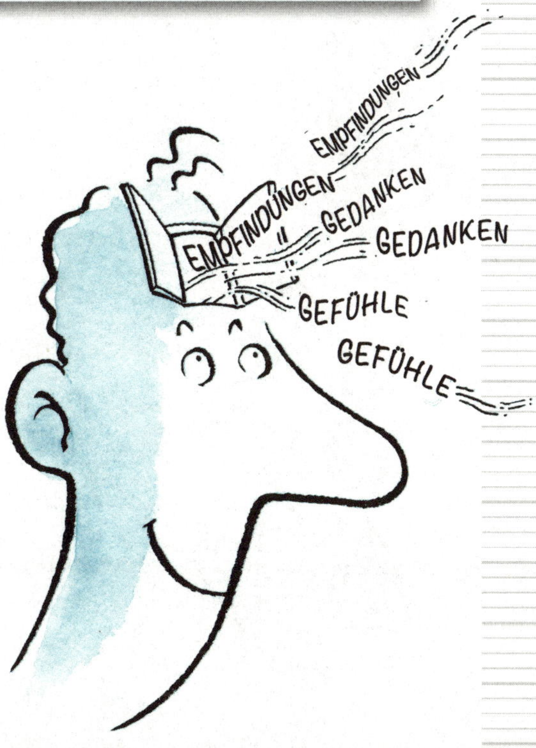

Achtsam essen

Wann haben Sie das letzte Mal wirklich geschmeckt, was Sie essen? Könnten Sie nach einem guten Abendessen einschätzen, was Sie gegessen haben, ob Sie sich nachgenommen haben und, falls ja, wie oft?

Häufig schlingen wir das, was wir essen, einfach hinunter. Stress, die allgemein vorherrschende Hektik und die Anzahl der noch zu erledigenden Aufgaben bringen uns dazu, gleichzeitig andere Dinge zu tun: E-Mails lesen, an einer Besprechung teilnehmen, fernsehen, von A nach B gehen ... Aber gewinnen wir dadurch wirklich Zeit?

Es kommt auch vor, dass wir Nahrung als automatische Antwort auf emotionelles Unbehagen einsetzen. In einer Angst- oder Stresssituation ein Glas zu trinken (oder mehrere), exzessiv zu essen – all diese Verhaltensweisen haben mittel- und langfristig Rückwirkungen auf unser Wohlbefinden.

Eine der ersten Übungen des Achtsamkeitstrainings (und eine der bekanntesten) ist die Rosinen-Übung. Sie besteht darin, sich viel Zeit zu lassen, um eine Rosine zu schmecken, indem man sie aufmerksam betrachtet, ihren Duft einatmet, ihre Beschaffenheit spürt ... Für die meisten Teilnehmer ist es eine Entdeckung, dass so eine kleine Rosine eine solch intensive Erfahrung hervorrufen kann. Wie wäre es, wenn wir sie auf das, was wir täglich essen, anwenden würden?

Wenn Sie essen, essen Sie!

Achtsam essen heißt, in Kontakt sein mit dem, was wir essen, ohne dass wir uns ablenken lassen – und vor allem, ohne etwas anderes gleichzeitig zu tun. Dadurch können wir das, was wir essen, besser genießen, aber auch die Botschaften unseres Körpers aufmerksamer wahrnehmen. Auf diese Weise lässt sich zum Beispiel vermeiden, zwanghaft oder zu viel zu essen.

Übung 16: Versuchen Sie, Ihre Lieblingsspeise bewusst zu essen, indem Sie sie ganz langsam genießen und schmecken.

- Halten Sie vor dem Essen eine Minute inne und atmen Sie.
- Betrachten Sie aufmerksam die Speisen auf Ihrem Teller.
- Atmen Sie den Duft ein, bevor Sie das Essen zum Mund führen.
- Achten Sie auf all Ihre Empfindungen in diesem Augenblick.

Wir laufen – wie ein Kind ...

»Das wahre Wunder besteht nicht darin, in der Luft zu schweben oder auf dem Wasser zu wandeln, sondern darin, auf der Erde zu gehen«, sagte der Weise Huineng.

Sehen Sie einmal einem Kind zu oder rufen Sie sich ein Kind in Erinnerung, das gerade seine ersten Schritte tut. Bewundern Sie die Art, wie es einen Fuß vor den anderen setzt, wie es sich anstrengt, um im Gleichgewicht zu bleiben, die Muskelkraft, die es mobilisiert, die Koordination seiner Bewegungen, seine Konzentration, aber auch sein Staunen, seine Zufriedenheit, seine Freude ...

Seit Langem daran gewöhnt, einen Fuß vor den anderen zu setzen, sind wir normalerweise mehr damit beschäftigt, zu laufen, als zu gehen. Selbst wenn wir spazieren gehen, achten wir selten darauf, sondern sind in Gedanken versunken oder ins Gespräch vertieft ...

Bewusstes Gehen besteht darin, des Gehprozesses vollkommen gewahr zu sein, genau in dem Moment, wenn wir gehen.

Übung 17: Achtsames Gehen

Suchen Sie einen Ort auf, an dem Sie nach Belieben gehen können, ohne fürchten zu müssen, dass man Sie beobachtet. Bei schönem Wetter können Sie es einmal barfuß in einem Garten oder Park versuchen; dadurch kommen Sie mit Ihren Empfindungen in Kontakt und können die Erfahrung leichter machen.

Stellen Sie sich aufrecht hin und spüren Sie bewusst das Gewicht Ihres Körpers, den Boden unter Ihren Füßen. Nehmen Sie Ihre Haltung bewusst wahr. Verlagern Sie nun Ihr Gewicht langsam von einem Bein auf das andere. Heben Sie dann langsam einen Fuß und achten Sie dabei aufmerksam auf die beteiligten Muskeln, auf Ihr Gleichgewicht. Machen Sie sich die Art und Weise, wie Sie Ihren Fuß absetzen, ganz bewusst; wie der andere Fuß sich vom Boden löst usw. Registrieren Sie, wie komplex die Bewegung eines einfachen Schrittes ist! Spüren Sie die Luft auf Ihrem Gesicht, auf den Armen, hören Sie Ihren Atem und die Geräusche, die Sie umgeben.

Seien Sie ganz gegenwärtig und nehmen Sie jeden Schritt bewusst wahr; gehen Sie einfach um des Gehens willen, ohne Zweck, ohne Ziel.

»Die Menschen sind auf dem Mond gegangen,
es wird Zeit, dass sie lernen, auf der Erde zu gehen …«

ANONYM

Halten Sie einen Augenblick **inne**. Wollten Sie etwa automatisch die nächste Seite aufschlagen? **Achten** Sie auf Ihre Bewegung, führen Sie sie ganz bewusst aus.

Nimm meine Hand. Wir wollen gehen.
Wir werden einfach nur gehen.
Wir werden unseren Weg genießen,
ohne daran zu denken, irgendwo anzukommen.
Gehen in Frieden. Gehen mit Freude.
Unser Gehen ist ein Weg für den Frieden.
Unser Gehen ist ein Weg zur Freude und zum Glück.
Dann lernen wir, dass es keinen Weg zum Frieden gibt,
keinen Weg zur Freude und zum Glück,
dass das Gehen selbst das Glück ist und die Freude.
Wir gehen für uns. Wir gehen für alle,
immer Hand in Hand.[5]

THICH NHAT HANH

Achtsamkeit und Natur

Instinktiv wissen wir, dass die Natur sich positiv auf unsere Gesundheit auswirkt. Mittlerweile wurde der beruhigende Einfluss der Natur auf unseren Organismus von einer Reihe wissenschaftlicher Studien bestätigt. Eine halbe Stunde langsam im Wald spazieren zu gehen hat einen wissenschaftlich messbaren Effekt auf die Anzeichen für Stress, wie zum Beispiel erhöhten Blutdruck.

»Die Natur tut jeden Moment ihr Bestes, damit es uns gut geht.
Ihre Existenz dient keinem anderen Zweck.
Wehr dich nicht gegen sie!«

HENRY DAVID THOREAU

---

5 Nguyen Anh-Huong/Thich Nhat Hanh: *Geh-Meditation*. Goldmann, München 2008.

Übung 18: Achtsam im Wald spazieren gehen

Nehmen Sie sich kurz vor dem Losgehen Zeit, Ihren Körper und Ihre Atmung zu spüren. Nehmen Sie anschließend jeden Ihrer Schritte bewusst wahr. Achten Sie auf alle Sinneseindrücke: die Rinde eines Baumes, Vogelgesang, die Farben des Laubs, die Farben einer Blume ... Können Sie einfach nur beobachten, ohne dem, was Sie sehen, ein geistiges Etikett »aufzukleben«? Beobachten Sie, wie Ihr Geist an andere Orte abdriftet und wieder zurückkehrt, sobald Sie ihn wieder zu einer genauen Sinneserfahrung führen (Farbe, Form, Duft ...). Richten Sie Ihre Aufmerksamkeit auf die vielfältigen Empfindungen, die gleichzeitig in Ihnen aufkommen.
Halten Sie von Zeit zu Zeit inne und achten Sie auf Details: die sorgfältige Arbeit einer Ameise, die Leichtigkeit, mit der sich ein Eichhörnchen fortbewegt, Wolken am Himmel, die ihre Form ändern.

Den Stürmen des Daseins die Stirn bieten

»Ein klarer Geist ermöglicht es, die Probleme des Lebens klarer zu erkennen.«

JON KABAT-ZINN

Obwohl manche Gurus etwas anderes versprechen, gibt es keine leichte, dauerhafte Lösung für all unsere Probleme. Schwierigkeiten gehören nun einmal zum Leben, das Glück ist kein leidensfreier Weg.

Nun meinen aber in der heutigen Welt viele, zum Glücklichsein müsse man vor dem Leiden fliehen, negative Gefühle ignorieren und das vergessen, was Leiden verursacht. Der Haken an der Sache ist jedoch nicht nur, dass Probleme generell nicht dadurch gelöst werden, dass man sie ignoriert, sondern dass sich dadurch die Situation sogar noch verkompliziert.

Umgekehrt regelt man seine Probleme am effektivsten dadurch, dass man sich ihnen stellt. Um ein Boot durch Sturm und Regen zu steuern, ermittelt man am besten, woher der Wind weht, und richtet das Segel entsprechend aus. Gegen den Wind kommen wir nicht voran (es ist ein Kampf); mit dem Wind im Rücken werden wir von ihm getrieben (es ist eine Flucht). Lernen, auf eine Art zu navigieren, die dazwischen liegt – das ist es letztendlich, was Achtsamkeit uns nahelegt. Wir können zwar den Sturm nicht kontrollieren, doch wir können unser Boot steuern.

Übung 19: Uns unserer Leiden annehmen

Denken Sie an eine schwierige Situation, die mit einem Gefühl des Leidens einhergeht. Statt sich dagegen zu wehren, vor der Situation zu fliehen, sich abzulenken, zu grübeln oder dagegen anzukämpfen, beobachten Sie neugierig, was geschieht. Bleiben Sie einfach bei dem Gefühl. Betrachten Sie es liebevoll.

DIE JAHRESZEITEN

»Wie der Kern der Frucht zerbrechen muss, damit sein Herz
die Sonne erblicken kann, so müsst auch ihr den Schmerz erleben.
Und könntet ihr in eurem Herzen das Staunen über die täglichen
Dinge des Lebens bewahren, würde euch der Schmerz nicht
weniger wundersam scheinen als die Freude.
Und ihr würdet die Jahreszeiten eures Herzens hinnehmen,
wie ihr stets die Jahreszeiten hingenommen habt,
die über eure Felder streifen.
Und ihr würdet die Winter eures Kummers
mit Heiterkeit überstehen.«

KHALIL GIBRAN (AUS »DER PROPHET«)

Vom Reagieren zum Agieren

Jeder kennt den Selbstauslöser als Auslöseverzögerung an einem Fotoapparat. Sie gibt der Person, die auf den Auslöser drückt, 10 Sekunden Zeit, ihren Platz wieder einzunehmen und auf dem Foto zu erscheinen. Wie wäre es, wenn Sie die Techniken dieses Übungshefts ein bisschen wie diesen Knopf einsetzen würden? Falls es Ihnen schon passiert ist, dass Sie etwas gesagt oder getan haben (eine Mail im Zorn geschrieben, jemanden beleidigt ...), nur um es hinterher zu bereuen, dann wissen Sie, wie belastend so etwas ist und wie lange es dauert, es wieder in Ordnung zu bringen. Wie die Verzögerung an der Kamera, so ermöglicht uns die Achtsamkeit, innezuhalten, unsere Erfahrung zu beobachten, ohne sie zu beurteilen, um anschließend bewusst zu handeln, statt lediglich automatisch zu reagieren.

Übung 20: Bewusst handeln

Bleiben Sie 5 Minuten lang dort, wo Sie jetzt sind. Nehmen Sie sich vor, sich nicht automatisch zu bewegen, weder um sich zu kratzen, noch um eine Fliege zu verscheuchen, noch um eine unbequeme Haltung zu ändern.
Wenn Sie merken, dass es Sie an einer Stelle juckt oder kribbelt, registrieren Sie einfach, was geschieht. Spüren Sie den Impuls, sich bewegen und kratzen zu wollen. Tun Sie es aber nicht sofort, automatisch. Warten Sie etwas und beschließen Sie dann, es zu tun. Beobachten Sie die Bewegung Ihrer Hand. Wenn Sie wollen, kratzen Sie sich dann ganz bewusst, mit Absicht.

Entscheidungen treffen

Lange hat man uns gelehrt, man müsse gründlich nachdenken, um gute Entscheidungen zu treffen, und nichts ginge über die Vernunft, wenn man vor einer Entscheidung steht. Diese Zeit gehört längst der Vergangenheit an: Es gilt heutzutage gemeinhin als erwiesen, dass Gefühle einen enormen Einfluss auf unsere Entscheidungen haben. Dennoch ist es in Anbetracht unserer Gefühle – insbesondere in einer schwierigen Situation – äußerst sinnvoll, innezuhalten und bewusst wahrzunehmen, was in uns vorgeht.

Uns sollte klar sein, dass wir nie vollkommene Gewissheit darüber haben, ob unsere Entscheidung richtig war, bevor wir nicht die Ergebnisse gesehen haben. Auch hier wird unsere Fähigkeit, zu beobachten, ohne zu urteilen, es uns ermöglichen, besser aus unseren Erfahrungen zu lernen.

Übung 21: Entscheidungen treffen

Denken Sie an eine Entscheidung, die Sie vor Kurzem getroffen haben (zum Beispiel über eine neue Anschaffung, einen Umzug ...)

- Haben Sie diese Entscheidung automatisch oder bewusst getroffen?
- Hatten Ihre Gedanken, Empfindungen oder Gefühle Sie im Griff, haben Sie sich automatisch von Ihnen mitreißen lassen? Oder war Ihnen das, was Sie fühlten und dachten, im Augenblick Ihrer Entscheidung bewusst?

- Haben Sie zwischen den Fakten und dem, was auf Ihre Interpretationen oder Beurteilungen zurückzuführen ist, unterschieden?
- Haben Sie in sich hineingehorcht und darauf geachtet, was Ihnen am richtigsten erschien?

Loslassen

Loslassen bedeutet einfach, dass wir aufhören zu kämpfen, uns nicht mehr krampfhaft an das klammern, was wir ohnehin nicht ändern können. Damit wir in der Lage sind loszulassen, müssen wir vorher wissen, woran wir festhalten. Das scheint zwar selbstverständlich zu sein, doch so leicht ist es gar nicht. Zudem kann man nicht auf Befehl loslassen, sondern es geschieht erst, wenn wir aufhören, gegen das anzukämpfen, was wir nicht ändern können.

Übung 22: Geführtes Gehen

Machen Sie einen Spaziergang mit geschlossenen Augen an der Hand einer Person, der Sie vertrauen und die Sie führt. Sprechen Sie nicht, konzentrieren Sie sich ganz auf Ihre Empfindungen. Achten Sie auf angespannte Stellen, auf Ihre Widerstände, Ihre Ängste (zum Beispiel, wenn Sie ein Auto hören oder spüren, wie Ihr Fuß gegen einen Stein stößt). Tauchen Sie ein in die Erfahrung, verbinden Sie sich mit Ihren Sinnen und lassen Sie sich ganz auf den Moment ein.

Übung 23:

Ballen Sie Ihre rechte Hand ganz fest zu einer Faust zusammen. Achten Sie bewusst darauf, in welchem Zustand Sie jetzt sind. Lassen Sie dann Ihre Hand sich ganz langsam öffnen. Spüren Sie den Unterschied.

»Wir werden befreit von dem, was wir annehmen,
aber wir sind Gefangene dessen, was wir ablehnen.«

SWAMI PRAJNANPAD

Übung 24: Die zeichnende Hand

Nehmen Sie einen Pinsel zur Hand und tauchen Sie ihn in Tusche oder Tinte ein. Schließen Sie die Augen, atmen Sie. Setzen Sie den Pinsel in der Mitte des Papiers an, konzentrieren Sie sich auf Ihre Empfindungen und lassen Sie die Zeichnung »sich zeichnen«. Lassen Sie Ihren Geist abschweifen und zurückkommen, im Rhythmus der Bewegungen des Pinsels auf dem Blatt.

GELASSENHEITSGEBET

Gott gebe mir die Gelassenheit,
Dinge hinzunehmen, die ich nicht ändern kann,
den Mut, Dinge zu ändern, die ich ändern kann,
und die Weisheit, das eine vom anderen zu unterscheiden.

(REINHOLD NIEBUHR ZUGESCHRIEBEN)

Uns mit anderen verbinden

Weil wir alle miteinander verbunden sind, ist es möglich, eine Form der Achtsamkeitsmeditation zu praktizieren, die als Meditation der Liebenden Güte bezeichnet wird (engl. »Loving Kindness Meditation« oder »Metta« auf Pali. Pali ist eine indische Sprache, die zur Zeit des Buddha in Gebrauch war). Bei dieser Meditation geht es darum, Eigenschaften der bedingungslosen Freundlichkeit gegenüber allen uns nahe stehenden Menschen zu entwickeln und von Angst oder Egoismus geprägte Gedanken in Gedanken der Uneigennützigkeit und der Großzügigkeit umzuwandeln.

Die Metta-Meditation verwendet Begriffe, Bilder und Gefühle, die Gefühle uns selbst und anderen gegenüber hervorrufen sollen, unabhängig davon, ob wir sie mögen oder nicht, ob wir sie kennen oder nicht.

Wissenschaftliche Untersuchungen (insbesondere die der amerikanischen Psychologin Barbara Fredrickson) haben gezeigt, dass diese Praxis zahlreiche positive Auswirkungen hat, sowohl auf der Ebene des Wohlbefindens als auch auf der Ebene der sozialen Unterstützung.

Übung 25: Die Meditation der Liebenden Güte

Setzen Sie sich an einem ruhigen Ort bequem hin. Nehmen Sie allmählich Ihren Atem bewusst wahr. Wählen Sie einen Menschen, für den Sie warme, positive Gefühle empfinden. Stellen Sie sich diese Person bildlich vor, spüren Sie ihre Gegenwart. Sie können sich vorstellen, dass Sie sie mit einer Wolke des Wohlwollens, der Freundschaft umgeben. Sie können auch einige Sätze verwenden, die Ihnen helfen, diese Gefühle hervorzubringen:

Mögest du glücklich sein!

Mögest du frei von jeder Form von Gefahr sein!

Mögest du so lange wie möglich gesund sein!

Mögest du in Frieden leben!

Ersetzen Sie nun diesen Menschen durch eine bildliche Vorstellung Ihrer selbst. Bringen Sie diese Gefühle, die Sie eben für einen anderen Menschen erzeugt haben, nun sich selbst gegenüber hervor. Anschließend können Sie weitere Personen mit einschließen und diese Meditation auf Ihre Freunde, Nachbarn und Kollegen bis hin zu allen Lebewesen erweitern. Sie können auch Menschen mit einschließen, mit denen Sie Schwierigkeiten haben, sogar solche, für die Sie zum Beispiel Gefühle des Zorns hegen. Diese Menschen haben es wahrscheinlich noch nötiger als andere, von Gefühlen der Angst, der Aggressivität, des Grolls, des Hasses geheilt zu werden. Und vor allem: Indem Sie ihnen Liebe senden, tun Sie sich selbst doppelt Gutes. Diese Übung können Sie überall machen: im Stau, in einem Zug, im Garten, vor dem PC. Sie vermittelt ein Gefühl tiefen Friedens und Wohlbefindens.

Nehmen Sie sich einen Pinsel und schreiben Sie die Kalligrafie des Wortes »Metta« ab. Versetzen Sie sich dabei in einen Zustand der Liebe und des Mitgefühls.

Übung 26:

Kleben Sie auf die erste Wolke das Foto einer Person, die Sie mögen, oder zeichnen Sie ihr Gesicht in die Wolke; schreiben Sie den Vornamen der Person daneben. Zeichnen Sie Ihr eigenes Gesicht in die zweite Wolke und das Gesicht eines Menschen, mit dem Sie Probleme haben, in die dritte.

Schicken Sie allen dreien nun einen Gedanken der Liebenden Güte.

»Nächstenliebe ist wie ein elementares Gebet, das uns hilft zu leben.«

ETTY HILLESUM[6]

Achtsamkeit in Beziehungen

Das Band, das uns mit anderen verknüpft, ist eines der Geheimnisse des Glücks. Es ist auch eines unserer größten Reichtümer. Mit anderen zu kommunizieren ist nicht leicht, besonders wenn wir von Gefühlen oder Gedanken übermannt werden. Dann sind wir nicht ganz gegenwärtig. Meditation bedeutet nicht, dass wir uns abkapseln: Durch die Fähigkeit, mit uns selbst in Verbindung zu treten, können wir uns auch mit anderen besser verbinden.

Übung 27: Achtsamkeit in Beziehungen

1. Achtsam zuhören

Lenken Sie Ihre Aufmerksamkeit auf die Art, wie Sie zuhören. Achten Sie besonders auf die verschiedenen Impulse, die Sie möglicherweise haben: Ihrem Gegenüber das Wort abzuschneiden, schon an Ihre Antwort zu denken oder gedanklich abzuschweifen ... Ist es möglich, zuzuhören, ohne mit dem Gesagten einverstanden zu sein? Einfach zuzuhören? Achten Sie auf Ihre Empfindungen, Ihren Gesichtsausdruck und lenken Sie Ihre Aufmerksamkeit auf die Stimme Ihres Gesprächspartners: auf ihren Klang, ihre Beschaffenheit, ihre Intensität.

6 Esther »Etty« Hillesum (1914–1943) ist eine junge jüdische Frau, bekannt wegen ihres Tagebuchs, das sie während des Zweiten Weltkriegs (1941–1942) führte, und wegen ihrer Briefe (1942–1943), die sie vom Übergangslager Westerbork aus schrieb.

2. Achtsam Gespräche führen
Beobachten Sie Ihren Impuls, zu sprechen, etwas zu sagen. Seien Sie sich Ihrer Angst bewusst, sich richtig auszudrücken, falls das der Fall ist. Atmen Sie achtsam und ergreifen Sie dann das Wort. Beobachten Sie, was in Ihrem Geist und in Ihrem Körper vor sich geht, und schaffen Sie Raum, um die Antwort wahr- und anzunehmen.

Tun oder sein?

»Eine wirkliche Entdeckungsreise
besteht nicht darin, neue Länder zu suchen,
sondern mit neuen Augen zu sehen.«

MARCEL PROUST

Der Modus, in dem wir uns am häufigsten befinden, ist der Handlungsmodus, der Modus des »Tuns«. Dieser Modus »funktioniert« mit Zielen, ist auf Ergebnisse hin orientiert. In diesem Modus ist unser Geist meistens in der Zukunft oder in der Vergangenheit, dabei zu bewerten, zu vergleichen, in Kategorien einzuordnen.
Der »Seinsmodus« funktioniert anders. Er hat kein anderes Ziel, als die Erfahrung des gegenwärtigen Moments voll und ganz auszukosten. Es ist ein Modus, der in der Gegenwart gelebt wird. Im Seinsmodus kann unsere Erfahrung sich in all ihrer reichen Fülle entfalten.

Übung 28:

Wenn Sie sich das nächste Mal vor einer schönen Landschaft wiederfinden oder in einer Situation, die Sie sehr mögen (ein Sonnenuntergang, eine Mahlzeit mit Freunden …), dann nehmen Sie sich vor, diesen Augenblick nicht im Foto festzuhalten. Seien Sie vollkommen gegenwärtig, ganz da für die Landschaft, selbst wenn dieser Moment niemals wiederkehrt – dann erst recht! Achtsamkeit wird Ihnen dabei von großem Nutzen sein: Nehmen Sie die Erfahrung bewusst und achtsam wahr, einfach so, wie sie ist, ohne etwas zu erwarten oder zu fordern. Sie werden sehen: Der Augenblick wird dadurch nur noch intensiver.

»Wenn nichts mehr zu tun ist,
was kannst du tun?«

ZEN-KŌAN

Achtsamkeit im Alltag

Die Achtsamkeit auf dem Meditationskissen zurückzulassen nützt nicht viel. Wie können wir sie mit uns in unser Leben hineintragen, sie im Alltag kultivieren?
Hier einige Beispiele vom Aufstehen bis zum Schlafengehen:

➡ **Beim Aufwachen:** Beobachten Sie achtsam Ihren Atem und atmen Sie dreimal aus und ein.

➡ **Beim Frühstück:** Essen Sie – und tun Sie nichts anderes! Seien Sie sich dessen bewusst, was Sie hinunterschlucken, und nehmen Sie jeden Bissen achtsam zu sich. Kosten Sie den Augenblick aus.

➡ **Wenn Sie in Ihr Auto steigen:** Bevor Sie den Schlüssel im Zündschloss umdrehen, atmen Sie dreimal achtsam aus und ein. Tun sie dasselbe, bevor Sie aus dem Auto aussteigen. Wenn Sie öffentliche Verkehrsmittel benutzen, verbringen Sie nicht die ganze Fahrt damit, SMS-Nachrichten zu schreiben, zu telefonieren oder Ihr Buch fertigzulesen. Nehmen Sie sich einen Moment Zeit, und wenn es nur drei Minuten sind, um zu sehen, wo und wie Sie sitzen, wer neben Ihnen sitzt, welche Geräusche an Ihre Ohren dringen. Tauchen Sie dann ganz bewusst wieder in Ihre Aktivitäten ein.

➡ **Vor Beginn einer Arbeitsbesprechung:** Nehmen Sie Ihre Sitzhaltung wahr, machen Sie sich Ihre Empfindungen und Ihren Gesichtsausdruck bewusst. Wenn ein Augenblick der Anspannung aufkommt, spüren Sie ihn und verbinden Sie sich mit Ihren Gedanken. Lassen Sie

sie dann wieder verschwinden, indem Sie auf Ihre Empfindungen zurückkommen.

➡ **Beim Klingeln des Telefons:** Zählen Sie bis 5, bevor Sie drangehen (oder das Telefon suchen). Nehmen Sie ganz bewusst den Hörer ab und hören Sie zu.

➡ **In einer Warteschlange (Supermarkt, Schalter …):** Praktizieren Sie Körperachtsamkeit: Nehmen Sie Ihre Füße bewusst wahr, Ihre körperlichen Empfindungen, Ihren Atem. So können Sie »verlorene« Augenblicke in »gelebte« Momente umwandeln.

➡ **Vor dem Einschlafen:** Atmen Sie dreimal achtsam tief ein und aus.

*»Der gegenwärtige Augenblick ist dein Augenblick.
Der Ort, wo du sitzt, ist dein Ort. Genau an diesem Ort,
genau in diesem Augenblick kannst du erwachen.
Es ist nicht nötig, sich in einem fremden Land
unter einen bestimmten Baum zu setzen.«*

THICH NHAT HANH

Zum Schluss: Alles beginnt jetzt

Sie sind nun am Ende dieses Übungshefts der Achtsamkeit angelangt – also am Anfang einer Erfahrung, die den ganzen Rest Ihres Lebens andauern wird.

Halten Sie einen Augenblick inne und atmen Sie ...

Erinnern Sie sich: Achtsamkeit ist kein Ziel, sondern ein Zustand, den wir immer wieder neu erfahren müssen. Je mehr Erfahrungen Sie mit dieser Praxis machen, desto natürlicher wird sie für Sie, desto positiver wirkt sie sich aus.

Achtsamkeit muss entwickelt und regelmäßig praktiziert werden. Wie schon Sokrates betonte: Lernen ist Wiedererinnerung. Wenn wir unsere Erfahrung aufmerksam und freundlich beobachten, werden wir feststellen, dass wir genau in diesem Augenblick achtsam sind. Diese Rückkehr zu uns selbst, hervorgerufen durch Achtsamkeit, führt uns zu einer liebevollen Verbindung mit anderen, mit der Natur und mit der Welt, die uns umgibt. Leben Sie Ihren Alltag von Augenblick zu Augenblick, uneingeschränkt; erkennen Sie, dass Sie bereits dort sind, wo Sie hinwollen. Gute Reise!

Informationen und Literatur

Ein Acht-Wochen-Kursprogramm

Das erste achtwöchige Achtsamkeitstrainingsprogramm wurde vor über 20 Jahren von Jon Kabat-Zinn in der Stress Reduction Clinic der University of Massachusetts (Medical School) systematisiert.
In Europa und insbesondere in Frankreich und in Belgien bieten mehrere Verbände Kursprogramme an, die von diesem Modell inspiriert sind. Wie bei jedem Training, stellen sich die Ergebnisse erst nach und nach mit zunehmender Übung ein. Im Allgemeinen beinhalten die Programme wöchentliche Gruppentreffen, die durch individuelle Praxis von täglich 30 bis 50 Minuten ergänzt werden. Hier einige Links zu Organisationen, die solche Kurse anbieten und Informationen zur Verfügung stellen:

MBSR-Verband Deutschland: **http://www.mbsr-verband.org/**
MBSR-Verband Schweiz: **http://www.mbsr-verband.ch/index.php/home/willkommen/**
Center for Mindfulness in Medicine, Health Care, and Society, ursprünglich von Jon Kabat-Zinn gegründet(englischsprachig)
http://www.umassmed.edu/cfm/home/index.aspx

Literatur

André, Christophe: Die schöne Kunst des Innehaltens. Durch *Meditation zu innerem Frieden finden.* Kailash 2012.
Collard, Patrizia: *Das kleine Buch vom achtsamen Leben. 10 Minuten am Tag für weniger Stress und mehr Gelassenheit.* Heyne 2016
Kabat-Zinn, Jon: *Gesund durch Meditation. Das große Buch der Selbstheilung.* Knaur TB 2011.
Kabat-Zinn, Jon: *Im Alltag Ruhe finden. Meditationen für ein gelassenes Leben.* Knaur TB 2010.
Kabat-Zinn, Jon: *Zur Besinnung kommen. Die Weisheit der Sinne und der Sinn der Achtsamkeit in einer aus den Fugen geratenen Welt.* Arbor 2008.
Maex, Edel: *Mindfulness. Der achtsame Weg durch die Turbulenzen des Lebens.* Arbor 2008.
Ricard, Matthieu: *Meditation.* Nymphenburger 2009.
Thich Nhat Hanh: *Das Wunder der Achtsamkeit. Einführung in die Meditation.* Theseus 2009.

Die Kultreihe im neuen Gewand

ISBN 978-3-95803-467-9

ISBN 978-3-95803-470-9

ISBN 978-3-95803-468-6

ISBN 978-3-95803-472-3

ISBN 978-3-95803-469-3

ISBN 978-3-95803-471-6

ISBN 978-3-95803-473-0

ISBN 978-3-95803-475-4

ISBN 978-3-95803-474-7

ISBN 978-3-95803-476-1

www.scorpio-verlag.de

SCORPIO